Александр Клековкин

Занимательная Поэтическая
❋ ❋ ❋ Азбука ❋ ❋ ❋

Книга Для Детей И Взрослых

❋ Художник Марина Линдерман ❋

Klekovkin, Alexander
"Zanimatelnaya Poeticheskaya Azbuka / "Russian Poetical Alphabet"
Book for Children and Adults

Дорогие родители, бабушки и дедушки!

Эта книжка основана на "поэтической методике". Она позволяет изучать буквы в игровой форме, развивать поэтическое восприятие мира и вместе с принципом чтения (я называю это "принцип паузы") оказывает на ребёнка стимулирующее воздействие.

Книжка адресована для занятий с детьми разного возраста. По мере взросления ребёнка, с каждым стишком вы будете решать новые задачи, развивая более сложные навыки и знания.

Как это работает?
Что даст вашему ребёнку эта книжка?

1. Развитие памяти:

слушая или читая стишки, ребёнок запоминает содержание и ключевые буквы, на которые вы обращаете его внимание.

2. Развитие поэтического восприятия мира:

по мере слушания или чтения ребёнок поймет, что все можно представить в поэтической форме.

3. Развитие ощущения рифмы:

читая стишки-загадки, делайте паузу перед словом-ответом, и ребёнок интуитивно будет находить нужные слова-образы, что и формирует чувство рифмы и ритма. И есть вероятность, что вскоре вы услышите его собственные стихо-вариации.

4. Развитие концентрации внимания:

предлагайте ребёнку не только следить за общим смыслом стишка-урока, но и за конкретной буквой. Впоследствии этот навык очень поможет в учебе и жизни. Предлагайте также находить все слова, содержащие заданную букву.

5. Развитие навыков счета:

если ребёнок уже умеет считать, предложите ему найти все слова, содержащие заданную букву в соответствующем стишке, сосчитать эти слова, а также эту букву.

6. Развитие "научного" восприятия мира:

инициируйте у ребёнка дополнительные вопросы, например, что такое личинка или колорадский жук и т.п.

7. Развитие грамотности:

некоторые стишки помогут ребёнку усвоить правила грамматики задолго до школы.

Аудио-диск с этой книжкой (createspace.com/2043424) поможет Вам при поездках. В следующей книжке (createspace.com/4064383) Вы найдете дополнительные стишки, в т.ч. о цветах радуги, о рифмах, а также тексты моих песенок (аудио-диск createspace.com/1720952).

Всего Вам доброго,
Автор
(klekovkin.az@gmail.com)

К маленькому читателю

Ты вступаешь в занимательный мир Азбуки. Всё, что ты слышишь, говоришь или читаешь записывается специальными значками-буквами, которых в русском языке – 33.

Все буквы, расположенные в особом порядке, составляют Алфавит или Азбуку. Слово Азбука образовалось от двух первых букв А и Б, которые в старину называли Аз и Буки. Для каждой из этих букв я сочинил короткий стишок или стишок-загадку о каком-либо животном или предмете. Начальная буква названия этого животного или предмета соответствует букве Азбуки. Во время паузы в конце стишка старайся успеть подобрать или вспомнить нужное слово-ответ.

Слушая, старайся услыхать все слова с такой буквой. Если ты уже знаешь, как пишется буква, возьми книжку и найди её. А если можешь, то и сосчитай все слова с такой буквой и эту букву.

Успехов тебе.

А

а б в г д

е ё ж з и

Что я есть – сама не знаю.
Я весь мир в себя вмещаю.
Все найдёшь внутри меня
От буквы А до буквы Я.
Все узнаешь, а пока
Я – твой друг, я –

Азбука.

Правда, кто-то говорит,
Что я просто –

Алфавит.

Б

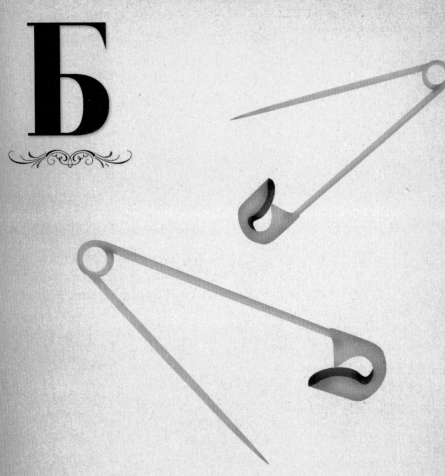

Я – острющая Булавка,
пальчик мне не подставляй,
А подставишь – уколю,
больно будет,

ай-я-яй!

В

В дремучем я живу лесу,
Похож немножко на лису,
Ловлю я маленьких зверей –
Им лучше прятаться скорей.
Вот, например, увижу зайца,
Коль голоден – зубами щёлк ...
Я злой, я хищный серый

Волк.

Г

Шея длинная моя,
Как шипящая змея.
Я ныряю глубоко,
Я летаю высоко,
Никого я не боюсь –
Я отважный, гордый

Гусь.

Д

Дятел я и тем горжусь!
На деревья я сажусь.
По стволам я бегаю,
Дупла белкам делаю.
Тук-тук-тук – стучу я клювом
там, где дерево больно:
Червячков, жучков съедаю,
расширяю я

Дупло.

Е

"Еле-еле душа в теле,
Если плохо вы поели," –
Говорила белка деткам,
Они прыгали по веткам.
А другие белки ели,
Дружно рядышком сидели
На большой красивой

Ели.

Ё

Я – хорошая зверюшка,
Но погладить не даю.
Вместо шёрстки – все иголки.
Тронешь только – уколю.
Меня в руки не возьмёшь.
Догадались кто я?

Ёж.

А обидеть кто захочет,
Быстро я свернусь в клубочек
Не увидишь даже ножек.
Вот такой я шустрый

Ёжик.

Ж

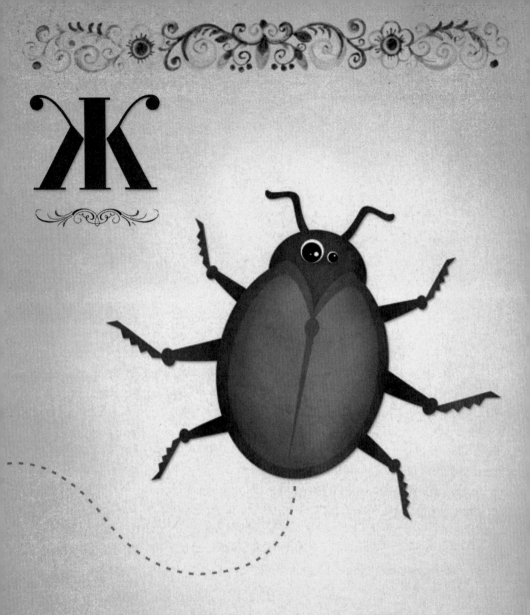

Из земли он выползает,
Где личинки-червячочки.
Громко он, жужжа, летает,
На деревьях ест листочки.
Не комар и не паук –
Твердокрылый майский

Жук.

З

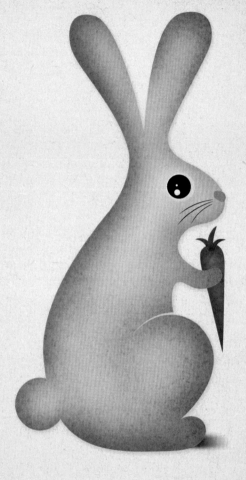

Я прыгучий, длинноухий,
Говорят – трусишка я,
С кроликом я лопоухим
Очень близкая родня.
Но не думай, что зазнайка,
Просто серенький я

Зайка.

И

Буква И за буквой З
В алфавите примостилась.
И в словах Игла, Каприз
Ненароком объявилась.
Стишок этот разбери
И найди все буквы

И.

Й

Я буква Й – я краткая,
С запятою в виде банта.
Краткость же – сестра таланта!

Если вдруг заглянешь в улей
Ты за мёдом, то ей-ей
Закричишь и ай, и ой …
И скорей бежать

Домой!

К

Грациозная я очень.
И пушиста, и мягка.
Вижу всё и днем, и ночью,
И кусачая слегка.
Люблю сидеть я у окошка.
И зовут меня все –

Кошка.

Л

Это – грозный царь зверей.
Разбегайтесь поскорей!
Когти, грива, зубы, зев –
Угадали, кто он?

Лев.

М

Если Чёрный я иль Бурый,
То живу в лесах, в горах.
Если Белый, очень хмурый,
То на севере, в снегах.
И хотя я косолапый,
Лошадь быстро догоню.
А своей тяжёлой лапой
Даже Буйвола свалю.
Догадались уже ведь?
Ну, конечно, я –

Медведь.

Н

Как корова, ем траву,
В жаркой Африке живу,
На носу несу я рог,
Потому я –

Носорог.

О

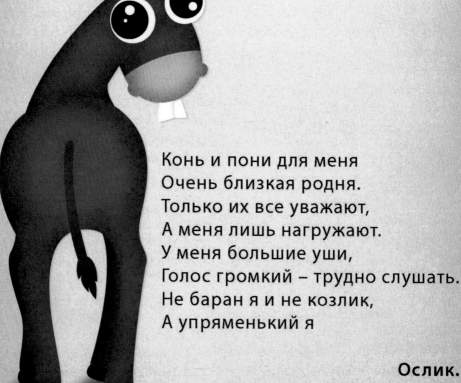

Конь и пони для меня
Очень близкая родня.
Только их все уважают,
А меня лишь нагружают.
У меня большие уши,
Голос громкий – трудно слушать.
Не баран я и не козлик,
А упряменький я

Ослик.

П

Разноцветная я птица.
Лапкой в клювик корм несу,
В цирке я могу сгодиться,
Живу в тропическом лесу.
И могу вас удивить,
Коль начну вдруг говорить.
Ну, так кто я, угадай?
Правильно, я –

Попугай.

Р

Рысь рычит на берегу:
"Поймать рыбку не могу".
Хоть она невдалеке,
Не достать её в

Реке.

С

Это я, и знает каждый,
Больше всех я на Земле!
Я, к тому же, очень важный,
Нет по силе равных мне!
Владею носом, как рукой.
Вы догадались, кто такой?

(Слон)

Т

Я – волшебное окошко.
Мир познаешь чрез меня
Папы, мамы, дети-крошки,
Все друзья и вся семья
Смотрят дружно на меня.

Телевизор

У

Удод дует во дуду.
Уж с угрём живут в пруду.
Утки – в луже,
Щука – глубже.
Совы ухают в лесу.
У Ванюши на носу
Мухи ели колбасу.
Ушки сели на макушки.
Улеглись уже подушки ...
Ну, а я тут чушь несу –
Буквой У вовсю трясу,
Вам плохого не хочу,
Просто букву У

учу.

Ф

Курам – дальний родственник,
Колорадских ест жуков,
Разноцветный носит хвостик.
И летает – вот каков!
А в траве, как партизан
Прячется, ведь он –

Фазан.

X

Храбрый Хрюша-Пятачок
С другом Мишкой ходят в гости
К другу Зайцу на чаёк.
А тому и невдомёк,
Потому они так дружны,
Что поесть им только
нужно.

Ц

Цыц, малявка, не пищи –
Попадешь как "кур в ощип",
Ты не бык и не козлёнок,
Просто маленький –

Цыплёнок.

Ч

Чайка с Чибисом летает,
Зайчик чешет лапкой нос,
Детки Азбуку читают,
Отвечают на вопрос:
"Как же им найти вообще
В стишке этом букву

Ч (че).

Ш

Между буквой Ч (че) и Щ (ща)
В алфавите Ш (ша) стоит.
Она чем-то недовольна,
Потому она

Шипит.

Щавель, щука и щека,
А ещё щелчок, щекотка
Начинаются на Щ (ща).
Давай будем сообща
Находить все буквы

Щ (ща).

Ъ

Я похож на Мягкий знак,
Только я другой и гордый,
Что не мягкий я, а
Ъ – твёрдый!

Ы

Я почти, как И, но твёрже,
С буквой И я не дружу.
Мне икать никак не гоже.
По секрету вам скажу,
Что могу я слово Мило
Переделать в слово Мыло.
Услыхали уже вы?
Твёрдо я звучу, я –

Ы!

Ь

Буква Ь (мягкий знак)
Это – самый Мягкий Знак.
Без него нельзя никак:
Печь не сможет вовсе печь,
И огонь нельзя зажечь,
Без него нельзя держать,
Твёрдо без него лежать,
И стоять совсем невмочь,
Если больно – не помочь,
Ночь – не ночь
И день – не день
Даже лень совсем не лень ...
Вам теперь понятно как
Важен этот Мягкий Знак?

Э

Буква Э
Эта тройка Э, Ю, Я –
Очень дружная семья.
Э – откликнется вам эхом,
Ю – юлит,
А буква Я – замыкает
Алфавит.

Ю

Юла юлит, вращается
И потому стоит,
Вращенье прекращается –
И вот она лежит.

Я

Вышло как-то просто так
Ястреб, Ягуар и Як,
Хоть они и не родня,
Начинаются на Я.

Ну вот, дружок,
мы и закончили
нашу "Азбуку".

Успехов тебе.

Made in the USA
San Bernardino, CA
09 January 2016